DAS BLAUE HÄSCHEN
kommt zur Welt

Stellt euch vor! Der Storch bringt ein zappelndes, kleines Bündel zu Herrn und Frau Hase.
Wißt ihr, was da drin ist?

Freudestrahlend knotet Frau Hase das Bündel auf, und ein kleines Häschen kommt zum Vorschein, aber – oh Schreck – es hat ein ganz blaues Fell! Belustigt bestaunen die Tiere den Neuankömmling, der schüchtern lächelt.

In der ersten Nacht will das blaue Häschen gar nicht einschlafen. Sobald Mama Hase aufhört, es in der Wiege zu schaukeln, fängt es an zu weinen. – Was tun? Da schlägt Herr Fuchs vor: «Singt ihm doch ein Gutenachtlied.» Und siehe da, – bald ist das blaue Häschen eingeschlafen.

Am nächsten Tag stellt Vater Hase seinem Sohn die Tiere vor, die in der Nachbarschaft wohnen. «Und das ist Hasi. Er ist genauso alt wie du. Hoffentlich werdet ihr gute Freunde!»

Entdeckungslustig streifen das blaue Häschen und seine neuen Freunde durch den Wald. Plötzlich entdeckt Häschen drei große Pilze: «Oh, die schmecken bestimmt gut!» Noch gerade rechtzeitig halten Hasi und Eichhörnchen das blaue Häschen zurück. «Das sind Fliegenpilze, und die sind sehr giftig!» rufen sie entsetzt.

**Hasi und Eichhörnchen sammeln für das hungrige blaue Häschen Pilze und Nüsse. Aber kaum haben sie ihm den Rücken zugekehrt, nascht es von einem Strauch rote, reife Früchte.
«Pfui!» hustet und prustet das vorwitzige Häschen.
Seine Freunde lachen: Es muß noch lernen, welche Beeren man essen kann.**

Auf dem Nachhauseweg kommen die drei am Fluß entlang. Das kleine blaue Häschen entdeckt wunderschöne Blumen, die es für seine Mama pflücken will. Es bückt sich, verliert das Gleichgewicht und fällt kopfüber ins Wasser.

Zum Glück kommen alle Tiere aus der Umgebung herbeigelaufen, um das blaue Häschen zu retten. Schnell schleppen sie einen großen Ast herbei, halten ihn ins Wasser und fischen den Tolpatsch heraus. – Das ist noch einmal gut gegangen!

Als Mama Hase das müde blaue Häschen ins Bett gebracht hat, erzählt es von seinen Abenteuern.
«Ich verspreche, nie wieder so unvorsichtig zu sein!» sagt es und schenkt seiner Mama die Blume, bevor es einschläft.
Von nun an nennen sie das blaue Häschen nur noch Flop.

DAS BLAUE HÄSCHEN
findet einen Schatz

Flop, das blaue Häschen, und Lisa sind auf dem Weg zum Karottenfeld. Sie wollen Möhren für den Winter ernten. «Komm, es ist nicht mehr weit» sagt Lisa und nimmt Flops Hand.

Am Fluß treffen sie das Eichhörnchen.
«Willst du mit uns kommen?» rufen die beiden Häschen ihm zu.
«Ja, gerne! Ich glaube, heute fange ich sowieso nichts mehr.»

Plötzlich sieht Lisa in der Höhle am Fluß etwas blinken und funkeln. «Das sind bestimmt nur Glasscherben!» erklärt das Eichhörnchen. «Laßt uns doch nachschauen,» schlägt Flop vor. Und schon waten die drei durch das kalte Wasser zur Höhle.

**Die drei Freunde trauen ihren Augen nicht! Sie haben einen Schatz gefunden : Eine Truhe voller Münzen und glitzernder, bunter Edelsteine.
Ausgelassen bewerfen sich Flop und Eichhörnchen mit den kleinen Steinchen. Lisa springt sogar jauchzend in die Truhe und ruft : «Ich dachte, so etwas gäbe es nur im Märchen!»**

Plötzlich werden die drei von Blitz und Donner aufgeschreckt.
Gewitterwolken verdunkeln den Himmel, und die ersten Regentropfen fallen.
«Beeilt euch! Das Wasser steigt schon an! Überquert den Fluß! Schnell!» ruft die Eule aufgeregt. Lisa, Flop und das Eichhörnchen springen von Stein zu Stein und erreichen wohlbehalten das andere Ufer.

Schnell ernten Flop und Lisa noch einen Korb voll Möhren, und Eichhörnchen klettert flink auf einen Baum, um einen großen Tannenzapfen zu holen.
«Geht lieber nach Hause! Ein Unwetter zieht auf!» ruft ihnen eine Maus im Vorbeilaufen zu.
«Kommt, ich habe eine Idee!» sagt Flop und führt die beiden zum Fluß.

«Helft mir, den Baumstamm ins Wasser zu rollen! Mit diesem Floß sind wir bestimmt schneller zu Hause als zu Fuß!» erklärt Flop.
«Ich bin der Steuermann!» ruft Eichhörnchen begeistert. Und schon treibt das Floß schaukelnd flußabwärts.

Abends erzählt Flop seine Erlebnisse, während er hungrig seine Suppe löffelt.
«Warum hast du keine Münzen und Edelsteine mitgebracht?» fragt der Onkel.
«Ich glaube, ein Korb voll Karotten ist mehr wert als ein Sack Münzen und Edelsteine, denn die können wir im Winter nicht essen!» erwidert Flop.

«Du hast richtig gehandelt, Flop! Zwar sind Edelsteine wunderschön, aber sie sind für uns nichts wert!» nickt der Vater zufrieden und nimmt das blaue Häschen auf den Schoß.

DAS BLAUE HÄSCHEN
und der böse Fuchs

Flop und Lisa wollen heute ein Picknick machen. Mama Hase hat ihnen viele leckere Sachen eingepackt: Kohl, Rettich, Möhren... Die Sonne scheint, die Vögel zwitschern – das wird sicher ein schöner Tag.

**Die erste Pause machen die beiden Häschen an der Blumenschaukel. Flop schubst Lisa an, bis ihr ganz schwindelig wird. Plötzlich hören sie aufgebrachtes Rufen. Es ist Grigri :
«Kommt schnell! Brummi, der Bär, hat sich den Fuß unter einem Baumstamm eingeklemmt! Wir brauchen eure Hilfe, um den Stamm wegzurollen! Schnell!»**

«Ich gebe das Kommando! – Bei drei heben wir mit gemeinsamer Kraft den Stamm hoch – und du, Lisa, ziehst Brummis Fuß heraus! Also, 1... 2... 3!» zählt Flop.
«Geschafft!» jubelt Lisa.
«Armer Brummi! Kannst du gehen?» fragen die vier besorgt.

«Vielen Dank für eure Hilfe!» sagt Brummi, der Bär. «Bis bald,» verabschieden sie sich, und jeder geht seiner Wege.
«Jetzt haben wir uns das Picknick aber wirklich verdient,» sagt Flop zufrieden.
Halunke, der Fuchs, hat alles beobachtet und denkt: «Die beiden Häschen werden mir sicher gut schmecken!»

**Mit einem Satz springt der gierige Fuchs aus seinem Versteck und verfolgt die beiden Häschen.
«Achtung! Der Fuchs!» ruft das Vögelchen Zirp besorgt.
Flop und Lisa laufen so schnell ihre kleinen Beinchen sie tragen können, aber der Fuchs ist ihnen auf den Fersen.
— Können die beiden dem Halunken noch entkommen?**

Zirp, das Vögelchen, fliegt geradewegs zum Baumhaus der Streifenhörnchen, wo es auch Vater Bär und Brummi trifft. «Flop und Lisa sind in Gefahr!» ruft Zirp aufgeregt. «Der Fuchs jagt sie!» «Wir dürfen keine Zeit verlieren!» brummt Vater Bär und springt auf.

In allerletzter Sekunde rettet Vater Bär die verängstigten Häschen vor dem gierigen Fuchs.
«Gnade! Laß mich los!» jammert und fleht der Halunke.
«Wenn ich dich noch einmal erwische, daß du kleine, wehrlose Tiere jagst, zeige ich dir, wie stark ich wirklich bin!» knurrt Vater Bär böse.

Kleinlaut humpelt der Fuchs davon.
«Vielen Dank, du hast uns das Leben gerettet!» sagen Flop und Lisa erleichtert.
«Ihr habt ja auch meinem kleinen Brummi geholfen. – Wenn wir zusammenhalten, ist das Leben viel einfacher, nicht wahr,» erwidert Vater Bär.

«Auf Wiedersehen!» verabschieden sich die beiden Häschen.
«Kommt gut nach Hause, ihr beiden! Der böse Fuchs geht heute bestimmt nicht mehr auf die Jagd!» ruft Vater Bär ihnen nach.

DAS BLAUE HÄSCHEN kommt in die Schule

Flop, das blaue Häschen, geht heute zusammen mit seinem Freund Bruno das erste Mal in die Schule.
«Wir werden bestimmt viel Spaß haben, denn der Lehrer ist schon alt und gar nicht streng,» berichtet Bruno.

Die neuen Schüler springen über Tische und Bänke, zanken, schreien, bauen Papierflugzeuge... Lehrer Uhu droht ihnen mit Strafarbeiten, aber die Bande beachtet ihn gar nicht! Wie wollen denn diese Rabauken lesen und schreiben lernen?

Die Schule ist aus! Vergeblich ermahnt der Lehrer seine Schüler, ruhig zu sein. Auf dem Schulhof sind die Kleinen noch lauter und ausgelassener als im Klassenzimmer.

In der Eile hat Flop sein Schulbuch in der Klasse vergessen. Er kehrt zurück und sieht, wie der Lehrer traurig das Klassenzimmer fegt.
«Armer Herr Uhu!» bemitleidet Fräulein Eichhörnchen den Lehrer. «So ist es jeden Tag. Seine frechen Schüler nehmen gar keine Rücksicht auf ihn!»

Flop hat ein schlechtes Gewissen, denn auch er war heute ein ungezogener Schüler.
«Warum entschuldigst du dich nicht und hilfst Herrn Uhu ein wenig bei der Arbeit?» fragt Zirp.

Flop und Grigri helfen dem Lehrer, trockenes Brennholz zu sammeln. Als sie es bei ihm zu Hause stapeln, lobt Herr Uhu die beiden lächelnd. Glücklich und stolz nehmen sich Flop und Grigri auf dem Nachhauseweg etwas vor.

Am nächsten Morgen erwartet Flop seine Klassenkameraden: «Wir sollten uns schämen, daß wir den Lehrer so geärgert haben! – Schule kann auch Spaß machen, aber wir müssen unseren Teil dazu beitragen...!»

Die kleinen Schüler sehen ihren Fehler ein und helfen alle eifrig, einen neuen Zaun zu bauen und das Blumenbeet umzugraben. Der Lehrer traut seinen Augen nicht: «Ich glaube, ich träume!» murmelt er fassungslos.

«Bis morgen!» ruft Flop fröhlich seinen neuen Freunden zu und läuft nach Hause. Bald kann das blaue Häschen sicher schon lesen und schreiben.

DAS BLAUE HÄSCHEN
entdeckt den Schnee

Es hat die ganze Nacht geschneit. Als Flop am Morgen die Fensterläden öffnet, wundert er sich.
«Wie schön und still alles ist!» staunt er. «Sicher toben meine Freunde schon längst draußen herum. Ich werde zu ihnen laufen!»

**Trotz der Kälte amüsieren sich unsere Freunde prächtig. Schnell kommt es zu einer hitzigen Schneeballschlacht zwischen Bimbo, dem kleinen Bären, dem Eichhörnchen und dem blauen Hasen.
«Das ist ungerecht!» schreit der Dachs, der vor seinem Haus Schnee räumt. «Ich komme, Flop! Wir zeigen's ihnen!»**

Jetzt haben sie beschlossen, Zweige im Wald zu sammeln, um ein Feuer zu machen. Flop zieht den Schlitten, Gigi und Fred schieben... das Eichhörnchen sitzt obenauf. Die Maulwürfe räumen vor ihrem Bau Schnee. Sie sind so kurzsichtig, daß sie gar nicht merken, daß sie den Schnee in den Garten ihrer Nachbarin befördern.

Im Wald sammeln sie das Holz, das sie finden können, und beladen damit den Schlitten, wobei sie singen :
« Holen wir Holz aus dem Wald,
ist uns bald nicht mehr kalt.
So nutzen wir die Zeit,
dann ist der Frühling nicht mehr weit. »

«Und bergab?» meint das Eichhörnchen.
«Sausen wir hinunter!» antwortet Fred.
Gesagt, getan. Die vier setzen sich auf den Schlitten und stürzen sich, ohne zu zögern, ins Abenteuer.
Dabei fliegt der Schnee nur so nach allen Seiten... was den beiden Maulwürfen gar nicht gefällt, denn jetzt fängt ihre Arbeit von vorne an.

Unglücklicherweise bremst ein großer Felsen, der unter der Schneeschicht verborgen war, sehr unsanft den Schlitten.
Unsere Helden landen nach einem unfreiwilligen Flug bäuchlings im Schnee.
«Oh, oh!» denkt Kiwitt. «Das hat weh getan!»

Fred, Gigi und das Eichhörnchen stehen gleich wieder auf, aber Flop kugelt immer weiter bergab und verwandelt sich im Nu in einen riesigen Schneeball, der in raschem Tempo den Abhang hinabrollt.
«Wir müssen ihn halten!» schreit das Eichhörnchen.
«Er ist viel zu schnell!» jammert die Maus.

Was für ein Sturz. Flop sieht tausend bunte Sterne vor seinen Augen.
«Ich werde mir den Hals brechen!» denkt er.
Plötzlich macht es bumm, und ein kleiner Balken bremst seine Talfahrt. Gott sei Dank hat der Schnee den Aufprall abgefangen. Flop hat nicht einmal sein gesammeltes Holz verloren, das einzige, was noch übriggeblieben ist.

**Flops Eltern kümmern sich um ihn. Papa macht ein schönes Feuer und warmes Wasser. Die Mutter kocht ihm eine heiße Suppe... So wird Flop nicht krank werden.
«Was für ein Tag!» denkt er. «Daran werde ich mich noch lange erinnern.»**

DAS BLAUE HÄSCHEN
und die Wundermedizin

Die Schule ist aus. Flop kommt singend nach Hause. Seine Mutter öffnet ihm die Tür und sagt sorgenvoll: «Papa ist krank und hat hohes Fieber!»

Doktor Fix ist bereits zu dem Kranken ans Bett geeilt und horcht ihn genau ab.
«Sein Herz schlägt normal», erklärt er, «sein Blutdruck ist in Ordnung, aber das Fieber läßt sich nicht senken, nicht einmal die Eispackung auf dem Kopf hilft etwas!»

87

«Hier hast du ein Rezept für den Apotheker Tumirgut, der auf der anderen Seite des Waldes wohnt!» wendet sich Doktor Fix an Flop. «Du mußt diese Medizin so schnell wie möglich für deinen Vater besorgen! Ich verlaß mich auf dich!»
«Das können Sie auch! Bis bald!»

Unser Freund nimmt die Beine unter den Arm und saust quer durch den Wald. Als er zur Lichtung kommt, spielen seine Freunde gerade Fußball.
«**Komm, spiel mit uns!**» **fordern sie ihn auf.** «**Du darfst auch im Tor stehen!**»

«Ich habe keine Zeit! Ich muß schnell zum Apotheker. Mein Vater ist sehr krank und braucht dringend seine Medizin!»
«Ich komme mit!» ruft das Eichhörnchen.

Das Eichhörnchen kennt sich im Wald so gut aus, daß sie ein paar Abkürzungen nehmen können und schließlich ihr Ziel glücklich erreichen.
«Da sind wir!» meint das Eichhörnchen.

Flop gibt dem Apotheker Tumirgut sogleich das Rezept. Sofort beginnt er mit der Zubereitung der Medizin.
«Ihr seid ja ganz schön erschöpft!» erklärt seine Frau. «Trinkt diesen Orangensaft, und ihr seid bald wieder bei Kräften für euren Rückweg.»
«Vielen Dank! Das ist sehr nett!»

Als die Medizin fertig ist, verabschieden sich Herr und Frau Tumirgut von unseren beiden Freunden, die sich erneut auf den Weg durch den Wald machen. Leider ist es schon ziemlich dunkel geworden, und der Mond scheint nicht hell genug, um den Weg gut erkennen zu können.
« Was machen wir jetzt ? » erkundigt sich das Eichhörnchen.
« Wir brauchen mehr Licht ! » meint Flop.
« Diese Glühwürmchen können uns helfen ! »

**Gerne sind die Glühwürmchen dazu bereit. Sie versammeln sich auf einem großen Pilz, den Flop wie eine Laterne vor sich herträgt.
«Ohne euch wären wir nicht so schnell wieder daheim gewesen!» erklärt Flop.
Vor dem Haus wird er schon sehnsüchtig erwartet.**

Flop erzählt, wie er durch die Finsternis heimfand.
«Morgen begleitest du die Glühwürmchen wieder zurück!» meint sein Vater.
«Einverstanden, Papa! Jetzt ruh' dich aus!»

DAS BLAUE HÄSCHEN
feiert Mutters Geburtstag

Der kleine blaue Hase räumt gerade sein Zimmer auf, als sein Blick auf den Wandkalender fällt.
«Oje, ich habe ja den Geburtstag meiner Mutter fast vergessen und noch kein Geschenk! Was soll ich tun?»

Am nächsten Morgen bei Sonnenaufgang beschließt Flop, Arbeit zu suchen, um sich etwas Geld zu verdienen.
«Spiel doch mit uns!» meint der Bär. «Wir könnten doch eine Schnitzeljagd machen!»
«Unmöglich!» antwortet Flop. «Heute bin ich zu sehr beschäftigt!»

Flop kommt am Wasserfall vorbei.
«Guten Tag, Herr und Frau Dachs. Sicher braucht ihr in eurem Gemüsegarten ein wenig Hilfe. Gerne wäre ich euch da nützlich!»
«Ja, komm nur», meint der alte Gärtner.

Zur Mittagszeit setzt sich unser Freund in den Schatten eines großen Baumes und picknickt. Hungrige Vögel kommen herbeigeflogen, um ein paar Brösel aufzupicken.
Gerne gibt ihnen Flop von seinem Brot und ein paar Maiskörner ab.

Aus Dankbarkeit wollen ihm die Vögel dabei helfen, die Salatköpfe zu ernten.
«Vielen Dank!» freut sich Flop. «So kann sie Herr Dachs sogar noch heute abend auf dem Markt verkaufen!»
«Eine gute Tat ist nie umsonst!» antwortet Fifi und schlägt mit den Flügeln.

**Der Gärtner war großzügig gewesen und hatte Flop ein Goldstück gegeben. Überglücklich läuft dieser zum Bäcker und kauft einen ganz großen Kuchen für den Geburtstag seiner Mutter.
Dem Bär, dem Eichhörnchen und der Maus läuft schon das Wasser im Maul zusammen, als sie das Prachtstück sehen.**

«Herzlichen Glückwunsch, liebe Mutter!»
«Was für eine Überraschung!» freut sich diese. «Du bist wirklich brav. Hast du deine Freunde mitgebracht?»
«Welche Freunde?» wundert sich Flop. «Ich habe niemanden eingeladen!»

«Das macht nichts!» meint Vater Hase großzügig. «Kommt nur herein und setzt euch. Wollt ihr alle ein bißchen Kakao?»
«Ja!» antworten alle im Chor.

**Mama Hase bläst mit einem Mal alle Kerzen aus.
«Bravo! Herzlichen Glückwunsch!» rufen alle.
«Jetzt schneide ich den Kuchen an!» verkündet Vater Hase.
«Möchte jemand die Kerzen essen?»
Natürlich meldet sich niemand.**

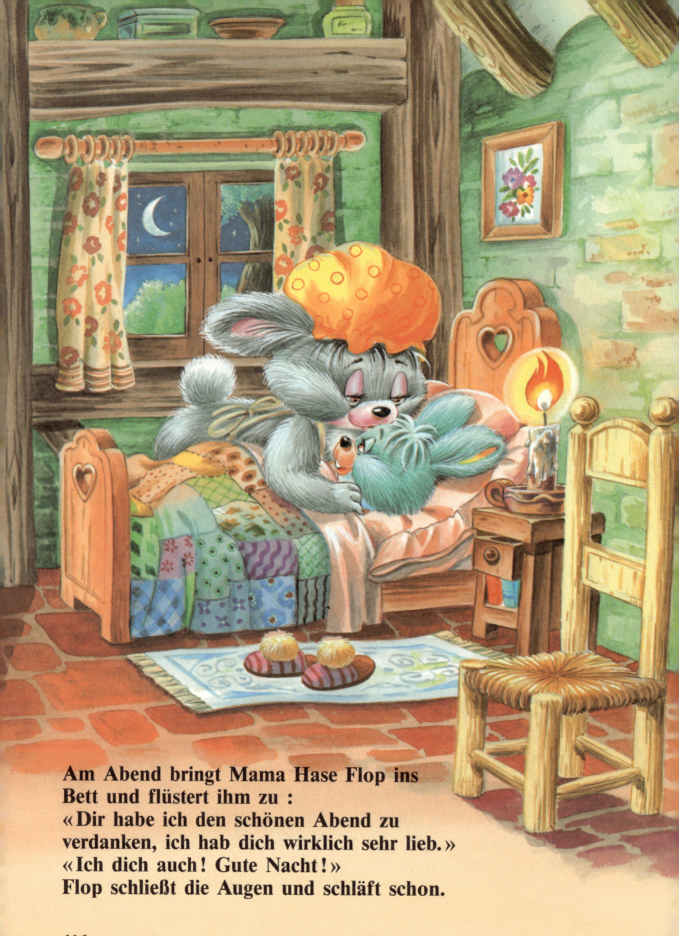

Am Abend bringt Mama Hase Flop ins Bett und flüstert ihm zu :
«Dir habe ich den schönen Abend zu verdanken, ich hab dich wirklich sehr lieb.»
«Ich dich auch! Gute Nacht!»
Flop schließt die Augen und schläft schon.

DAS BLAUE HÄSCHEN
zeltet im Gebirge

Heute treffen sich Flop und seine Freunde unter der Leitung von Sam, der alten Eule, im Gebirge, wo sie ein paar Tage zelten wollen.

Dazu haben sie sich eine Lichtung ausgesucht, die in der Nähe eines Wasserfalls liegt.
«Endlich sind wir da!» erklärt Sam.
«Dort unter der dicken Eiche stellen wir die Zelte auf... aber wo ist Miro?»
«Er ist so kurzsichtig, daß er sich sogar verirrt haben könnte!» mokiert sich Dudu.

Alle Vorbereitungen zum Zelten gehen gut voran. Dank den Anweisungen der Eule finden alle Teile zunächst ihren Platz... aber als es ans Zusammenbauen geht, wirkt alles sehr verwirrend, und es gibt Probleme.
«Paßt auf Petzi auf!» schreit Sam.
«Achtung, die Spannseile! Befestigt die Pflöcke!»
«Was für eine Aufregung!» rufen Fifi und Kiki.

Eine Stunde später haben sich alle eingerichtet. Jetzt wollen sie eine Suppe kochen. Dudu sammelt das Holz, Petzi macht Feuer, Mimosa rührt um, die Eule liest das Rezept vor, und Flop schneidet unter Tränen die Zwiebeln.
«Hast du Kummer?» erkundigt sich Kiki.
«Nein, das kommt von den Zwiebeln!»

**Der blaue Hase eilt zum Fluß, um dort Wasser für den Tee zu holen. Auf der anderen Seite sieht er zwei Hunde, die recht traurig ausschauen.
«Hallo!» begrüßt Flop sie. «Habt ihr denn Schwierigkeiten?»
«Hallo, ich bin Fido, und das ist Meg. Wir haben uns verirrt, mein Freund hat eine wehe Pfote!»**

Unser Freund läuft zu den Zelten, holt einen großen Teller Suppe und eilt wieder zum Fluß.
«Wo geht er denn hin?» fragt Sam und holt einen weiteren gefüllten Suppentopf für seine hungrigen Freunde, die schon am Tisch sitzen.
«Ich will zwei dicke Stücke Kartoffeln!» fordert ein Vielfraß. «Dazu ordentlich Rüben und Zwiebeln. Ich hab' einen Mordshunger!»

«Was ist denn los?» fragt die Eule.
«Meg und Fido haben sich verirrt und solchen Hunger!» erklärt ihm der Hase treuherzig.
«Ich habe ihnen meinen Teil gegeben!»
«Kommt doch zu unserem Zeltplatz!» schlägt Sam vor.
«Dort habt ihr es viel bequemer, und ich kann deine Pfote besser verbinden!»
«Vielen Dank!» erklären die Hunde.

Am Abend versammeln sich alle um das Lagerfeuer. Der Bär nimmt seine Gitarre, das Eichhörnchen seine Pauke, Petzi seine Mundharmonika und der Dachs sein Tamburin... Und auf geht's mit Musik und Gesang! Die Eule dirigiert das ganze Orchester, und alle singen lauthals.

«Du bist ein feiner Kerl!» meint Sam zu Flop. «Denn heute hast du eine gute Tat begangen, weil du diesen Hunden geholfen hast... Laß uns jetzt schlafen gehen. Morgen gibt es sicher wieder neue Überraschungen!»

DAS BLAUE HÄSCHEN
und der seltsame Ballon

Flop muß sich langsam auf den Weg zur Schule machen. Er gibt seiner Mutter einen Kuß und verspricht, gut aufzupassen.

Bei der großen Eiche trifft er Bruno, Bimbo, Lisa und den Dachs. «Schaut mal her!», ruft der, «da fliegt ein Ballon.»
«Das ist eine Montgolfiere», erklärt das Eichhörnchen. «Die geht viel zu schnell zu Boden. Das ist nicht normal.»

Der Ballon bleibt hoch oben in den Ästen hängen. Im Ballonkorb zittert ein Eichhörnchen vor lauter Angst. «Feuer aus!», schreit Bruno.
Der kleine Ballonflieger befolgt den Rat. Plötzlich reißt der Ballonstoff, und der ganze Ballon stürzt ab auf den steinigen Boden. «Nichts wie hin!», sagt der Dachs. «Wir müssen helfen.»

Flop und Lisa sind sofort bei der Stelle und helfen dem Eichhörnchen aus dem Korb heraus. Bimbo schaut sich den Schaden an.
«Hol Hilfe!», sagt der Dachs.
«Sofort!» antwortet Bruno.

Flop, Miro, Bilu und noch andere Tiere eilen herbei und holen die Montgolfiere aus den Ästen. «Danke, liebe Freunde!», sagt das Eichhörnchen. «Ich bin Rinaldo und nehme am Dreiseenflug teil. Es gab Probleme mit dem Brenner, den Rest kennt ihr ja.»
«Nicht schlimm!» sagt Flop, «wir helfen dir.»

Das Klassenzimmer von Lehrer Sam wird zur Schneiderwerkstatt umgemodelt. So gut es geht, werden die Löcher im Ballon geflickt.
«Was meint ihr zu diesem grünen Stoff?», fragt Mama Hase.
«Den können wir hier draufnähen», antwortet Bruno.
«Eine Klassemannschaft!», sagt der alte Uhu voll Freude.

Bimbos Vater ist begeisterter Bastler und besitzt viel Werkzeug in seiner Werkstatt. Da liegt es auf der Hand, ihn zu fragen, ob er nicht auch zupackt...
«Wenn Bimbo die letzte Stange zurechtgebogen hat, sind wir mit unserer Reparatur fertig.»

Es ist soweit. Der Ballon ist wieder prall gefüllt. Die vielen Flicken geben ihm ein buntes Aussehen. «Tausend Dank!», sagt Rinaldo. «Ihr habt gute Arbeit geleistet. Zur Belohnung darf jeder von euch eine Runde fliegen, ganz hoch in den Wolken. Was sagt ihr dazu? Gewinnen kann ich sowieso nicht mehr.»

«Au ja!» rufen unsere kleinen Freunde.
«Ich fahr' als erster», sagt Flop.
«Ich als zweiter», erklärt Bruno.
«Dann ich», meint Bimbo.
«Immer mit der Ruhe!» geht da Lehrer Sam dazwischen. «Rinaldo hat doch versprochen, daß er jeden einmal mitnimmt.»

DAS BLAUE HÄSCHEN
leistet Erste Hilfe

In aller Frühe geht Flop zum Sportplatz und klemmt den Ball unter den Arm… Da trifft er Bimbo, der sich an einen Baum lehnt.
«Was ist mit dir, Bimbo?»
«Ich hab' mir die Pfote verletzt. Du mußt mir helfen.»
«Aber klar, was denkst du denn!»

Das blaue Häschen hat das Fußballspiel längst vergessen. «Bimbo ist nicht ganz fit», sagt es zu seinen Freunden. «Wir wollen ihn zum Hause von Lehrer Sam bringen. Der kann da ein wenig helfen.»

«Oh je, oh je!», sagt der alte Uhu, als er die Pfote untersucht hat. «Bimbo muß zu Doktor Dodü, oben in den Bergen. Ich kann nichts für ihn tun.» «Wie sollen wir das anstellen?» fragt Miro. «Ganz einfach, eine Bahre. Da müßt ihr mir alle helfen.»

Gesagt, getan. Die fünf tapferen Helfer legen Bimbo auf die Bahre... winken kurz Lehrer Sam, und auf geht's in die Berge.

Der Aufstieg ist nicht so einfach : Steinblöcke, Felsspalten, umgeknickte Bäume, Bäche und dann der Weg, der steigt und steigt.
Schließlich erreicht unsere kleine Expedition ihr Ziel. Das Haus von Doktor Dodü steht in einem riesigen hohlen Baum.
«Da wären wir!», freut sich Miro.
«Bravo!», sagt Kiwitt.

**Flop klopft an die Tür, Bruno steht neben ihm.
Da sehen sie einen großen Bären, der ganz eindeutig sehr schlecht gelaunt ist und die Treppe herunterkommt.
«Was wollt ihr bei mir hier?», knurrt er.
«Unser Freund hat sich verletzt, und Lehrer Sam meint, nur Sie könnten ihn behandeln.»**

Jetzt betreten auch Panasch und der Dachs das Haus, mit der Bahre.
«Das ist ja Bimbo!» ruft der Arzt aus, «mein Enkel. Was ist denn passiert?»
Er legt seinen Stock weg und nimmt den kleinen Bären vorsichtig auf den Arm.

Alle packen zu und tun, was Doktor Dodü anordnet. Der Maulwurf schläfert Bimbo mit Chloroform ein. Der Dachs und Panasch setzen Wasser auf, Flop hält die Watte bereit, und Bruno überwacht den Kranken. Rasch entfernt der Arzt einen riesigen Dorn, der tief ins Knie des armen Bären gedrungen war.

«Habt herzlichen Dank für eure Hilfe!» sagt der Doktor. «Ich behalte Bimbo einige Tage hier.» «Wir benachrichtigen seine Eltern», verabschiedet sich Flop. «Bis bald! Wir müssen rasch nach Hause.»